51
Lb 3844.

DERNIER MOT
SUR LA PRESSE DE PARIS,

Par le Docteur BARRACHIN.

UNE LETTRE A SES CONFRÈRES

MESSIEURS LES MÉDECINS ET CHIRURGIENS

CIVILS OU MILITAIRES

DE PARIS ET DES DÉPARTEMENS,

PLUS

Une Lettre au Clergé de France.

Prix : 50 centimes.

AU BUREAU DU RÉGÉNÉRATEUR,
17, RUE SAINT-PIERRE-MONTMARTRE.

Octobre 1843.

AVANT-PROPOS.

Cette brochure a pour but de prouver :

1° Que la presse de Paris n'a, dans ce moment, aucun système de publicité qui satisfasse réellement les intérêts de tous ;

2° Que chacune des divisions qui la composent est sous des influences de partis, de coteries, d'individus, qui les empêchent toutes de traiter les questions du point de vue réel de l'intérêt général ;

3° Qu'il est au contraire très facile d'adopter un système qui résume en lui-même toutes ces divisions d'intérêts ;

4° Que c'est bien là celui que l'on a conçu dans le RÉGÉNÉRATEUR, et qui est défini par ces deux mots : SOCIALISME LIBÉRAL, pris du point de vue des intérêts du trône, du gouvernement, de la nation et des individus, en dehors de toutes les idées de partis, de coteries et d'ambition ou d'intérêts personnels.

AVANT-PROPOS

Cette brochure a pour but de prouver :

1° Que le procès de Tchébrikov, dans ce moment, aucun système de propagande qui puisse être présenté est lésé d'ici de temps ;

2° Que chacune des divisions qui le composent est des lacunes de partie, de preuves, de critique, dont elles sont empêchent plutôt de traiter les questions de valeur au vrai regard de l'intérêt général ;

3° Qu'il est volontaire à la fiction d'adopter un système qui résulte au dernier historique d'un type d'instituts.

Enfin, c'est ce qu'il est celui qui, répugnant à la République russe, et qui est établi par des lois russes ; son système libéral, pris du point de vue des intérêts de fond du gouvernement, de la politique des individus, qui défende en tous les idées de partis doctrinaires, d'ambitions ou d'instincts personnels.

DERNIER MOT
SUR LA PRESSE DE PARIS,

CONSIDÉRÉE

Dans ses précédens, dans son état actuel, dans son avenir.

Situation particulière de chaque Journal d'ancienne et de nouvelle fondation.

Nécessité d'un nouveau système de publicité. — Caractère que doit avoir la presse actuelle et future (1).

Le LIBÉRALISME POLITIQUE, qui était le principe de toutes les oppositions depuis 1815, a fini sa mission en 1830, lorsque les libéraux sont arrivés au pouvoir.

A partir de ce moment-là, le *Constitutionnel* et le *Courrier Français*, qui étaient les principaux organes du *parti libéral*, ont commencé à perdre de leur importance, quand ils ont été obligés de tolérer et de défendre, dans leurs amis arrivés au pouvoir, les mêmes actes qu'ils avaient attaqués pendant quinze ans, dans ceux qui le possédèrent durant cette période, et d'abandonner les principes qu'ils avaient soutenus pendant le même laps de temps.

Le *Constitutionnel* surtout, dont la palinodie était plus marquée, fut celui qui, proportionnellement, a le plus perdu à ce changement de politique. Ses abonnés s'en sont allés avec autant de rapidité, quand il a abandonné sa ligne, qu'ils étaient venus quand il pouvait être considéré comme l'organe des intérêts que la restauration avait froissés ou qu'elle n'avait pas satisfaits.

Cet éloignement était naturel. Rien n'avait été changé pour ces inté-

---

(1) Les motifs qui nous ont porté à exprimer nos opinions sur la presse de Paris sont exposés dans une lettre que nous adressons à nos confrères Messieurs les médecins et chirurgiens civils ou militaires de Paris et des départemens, et que nous donnons ci-après.

rêts !... Des hommes avaient pris la place d'autres hommes ; mais la situation était la même : et comme le gouvernement était encore évidemment moins national, *dans les questions extérieures*, que n'avait été la restauration dans les derniers temps, ces mêmes intérêts, qui n'étaient pas plus satisfaits du nouveau régime qu'ils ne l'avaient été du régime précédent, ont nécessairement dû quitter le journal qui ne les représentait plus, le journal qui, ayant fini sa mission en 1830, n'avait pas su en adopter une nouvelle que les circonstances récentes réclamaient ou déterminaient.

Le décroissement dans la fortune du *Constitutionnel* a été si rapide que, dans quelques années, on l'a vu perdre les trois quarts de ses abonnés.

Aujourd'hui, ils se réduisent à un si petit nombre qu'on peut dire qu'il n'est presque plus soutenu que par les établissemens publics : les *cafés*, les *estaminets*, les *cabinets de lecture*, les *cercles de Paris, de la banlieue* et de quelques grandes villes qui l'ont conservé par habitude, bien qu'il soit à peine demandé, et qui encore le quittent tous les jours au fur et à mesure qu'ils reconnaissent que leurs habitués n'y jettent même presque plus les yeux, surtout depuis que l'on sait généralement que ce journal est l'organe exclusif d'un homme qui a abusé de tout, trompé tout le monde, et qu'une réaction morale dans l'esprit public doit à jamais éloigner des affaires, où son cynisme connu ne doit plus lui permettre de revenir.

M. Thiers peut bien avoir encore de l'influence sur quelques députés *sans valeur par eux-mêmes*, ou qui, malgré tout, se sont attachés à sa fortune, par intérêt pour la leur propre ; mais il est évident que cet homme est aujourd'hui absolument déconsidéré dans la nation, qui ne peut plus voir en lui qu'un véritable jongleur, un Auriol politique, habile à faire des tours, mais non un homme moral digne de la confiance d'une grande nation. Sans doute, on ne lui retirera pas son talent ni comme orateur, ni comme écrivain ; mais l'homme moral manque essentiellement, et c'est aujourd'hui aux hommes puissans par leur moralité que la France veut se confier. On a assez abusé des mots ; il faut arriver aux choses, et tout le monde sait maintenant quelles choses on peut attendre de M. Thiers et de ses acolytes du *Constitutionnel*, et même du *Siècle*, qui se personnifie dans M. Chambolle.

La chute du *Courrier Français*, proportionnellement, a été moins prompte que celle du *Constitutionnel*.

Chatelain, qui en avait fait la fortune, ne s'était pas, comme les autres libéraux, laissé aller aux séductions du succès de juillet. Il vit bientôt que la nouvelle fondation ne devait pas satisfaire les hommes qui voulaient autre chose, dans le changement qui venait d'avoir lieu, qu'un déplacement de personnes. Aussi les attaques du *Courrier Français* n'ont-elles pas tardé à recommencer ; et pour rendre à ses allures leur franchise et leur vigueur primitives, Chatelain donna-t-il sa démission de chef de bataillon de la garde nationale, presqu'aussitôt après en avoir accepté les fonctions.

Mais il fallait au *Courrier Français*, il fallait à la presse, il fallait à la verve de Chatelain un nouveau principe. La comédie de quinze ans était finie : et Chatelain qui avait, lui, pris les choses au sérieux, malgré cela, ne le trouva pas.

Cependant, tant que sa santé lui a permis de garder la direction du *Courrier Français*, ce journal a conservé sa fortune. Il a commencé à la perdre quand la maladie força Chatelain d'abandonner la rédaction à M. Chambolle qui, lui, fut obligé de *fléchir* sous les attaques de Carrel, dont M. le rédacteur actuel du *Siècle* n'osa relever le gant.

Le pédantisme irritant, l'outrecuidance grotesque du *précepteur* Léon Faucher, détermina la ruine du *Courrier Français*; en effet, le jour où le rédacteur en chef du *Courrier Français* obtint trente-six voix dans un collège composé de près de quatre cents électeurs, tout était fini pour ce journal, et l'entêtement de son directeur à le maintenir à 80 fr., l'acheva à peu près.

Les transformations qu'il a subies depuis, les noms nouveaux sous lesquels il est passé, n'ont certes pas pu contribuer à lui rendre sa valeur morale. Il ne vit plus maintenant, comme le *Constitutionnel*, que par les établissemens publics, qui se croient encore obligés de le conserver malgré l'exorbitance de son prix ; et lorsque ceux-ci le quitteront, il sera forcé de cesser de paraître, car dans le monde ses abonnés l'ont presque tous abandonné.

C'était la grande probité politique de Chatelain que représentait le *Courrier Français*. On conçoit qu'il ne se trouve plus dans les mêmes conditions aujourd'hui, puisque l'on en a fait une entreprise purement commerciale, et qui ne représente plus aucun nom, aucun principe d'une valeur quelconque en politique. Le *Courrier Français* fait encore de l'opposition, comme il fera du ministérialisme aussitôt qu'il y trouvera quelque chose à gagner ; c'est sa nature actuelle.

On dit qu'il va se mettre à 40 fr. A 40 fr.! cela ne fera rien ; il est trop tard. Il n'a plus pour lui aucun prestige ; son dernier patronage les lui a tous enlevés; il ne représentera rien de meilleur que les autres journaux : au même prix de 40 fr., il ne peut pas être, plus que le *Siècle*, l'expression d'un nouveau principe ; et c'est *d'un nouveau principe que la presse a besoin*!... Le *Courrier* ne l'a pas, et sa nouvelle transformation, si elle a lieu, ne fera que l'achever plus vite.

Tous les autres journaux, d'ancienne et de nouvelle fondation, qui se sont placés sur le même terrain politique que le *Constitutionnel* et le *Courrier Français*, bien qu'ils soient entrés dans la nouvelle combinaison financière qui les met à la portée d'un plus grand nombre d'abonnés, n'ont, malgré cela, pas plus de chances d'une durée certaine, parce que tous ces journaux ne représentent que la queue du libéralisme usé ou des intérêts d'individus, de coteries, de partis, beaucoup d'ambitions personnelles ; mais, en effet, en rien, l'intérêt réel du pays.

Nous sommes bien éloigné de faire, sous ce rapport, aucune exception en faveur du journal *le Commerce* qui, malgré le puritanisme dont il fait tant parade dans ses colonnes, n'est pas moins celui, de tous les journaux, qui prête le plus à la critique, soit par le désaccord de son titre et de ses allures, soit dans sa combinaison financière. Nous reconnaîtrons notre erreur à ce sujet quand nous verrons inséré dans ses colonnes un *satisfecit* accordé aux administrateurs actuels par les actionnaires de cette entreprise. Jusque là nous conservons nos opinions.

Quant au patriotisme si pur de la rédaction de cette feuille, nous n'y croyons en aucune façon. Nous voyons bien là un homme qui fait une opposition ardente, acharnée même; un homme qui, en toute chose, attaque violemment le pouvoir, incontestablement même avec une certaine verve, un certain talent; mais cet homme, tout infatué qu'il est de sa personne, n'a rien formulé qui puisse s'adopter et même être compris. Il est opposé à tout et ne propose rien !.... Dans notre conviction la plus intime, dans notre conviction résultant de nos relations avec lui, de l'examen scrupuleux de ses actes, il n'y a rien de consciencieux dans cette opposition (1). Il attaque le pouvoir avec la même passion, parce qu'il n'en fait pas partie, qu'il mettrait à le défendre, DANS LES MÊMES CONDITIONS OU IL EST, s'il y était placé !... Cette conviction-là, nous l'exprimons sans passion, mais avec la certitude la plus absolue de ne pas nous *tromper*. En outre, quand on est chef d'une entreprise quelconque fondée sur de vrais principes d'équité et de probité, tout doit être proportionné dans les avantages de ceux qui y participent; et les administrateurs de cette entreprise ne doivent pas s'adjuger des émolumens exorbitans quand les actionnaires ne touchent ni dividendes ni intérêts !!.... Ceci est connu.

---

(1) Ce fut M. Lesseps qui, à la réunion des hommes de tous les partis qui eut lieu chez nous, rue Laffite, en 1841, à l'occasion de la question d'Orient, qualifia de sublime l'idée qui avait ainsi rassemblé, sur un terrain neutre, pour une question d'humanité, d'honneur et d'intérêt national, les hommes de tant de nuances opposées de la presse. Cependant M. Lesseps n'a pas mis ensuite une seule ligne dans son journal en faveur de cette idée !.. Les motifs de cette conduite sont exposés dans notre lettre à nos confrères.

Certainement c'était une belle idée que celle-là ! Des hommes consciencieux l'avaient appréciée, mais elle a échoué par le fait des opinions exclusives de quelques uns, et par le fait de l'intérêt personnel et des envies du plus grand nombre. M. St-Marc Girardin nous écrivait qu'il serait flatté de se trouver en aussi bonne compagnie; entr'autres, M. Bastide déclarait qu'il ne voudrait pas se trouver avec M. Saint-Marc Girardin, quand il s'agissait de faire abnégation de ses opinions. Messieurs les républicains pur sang ne veulent aller avec personne !...

Mais ce qui n'a pu avoir lieu avec les gens de la presse, parce que nous avions affaire à des spéculations de partis qui vivent de la lutte, nous pourrons peut-être l'obtenir de ceux qui dans le public ont, à l'UNION GÉNÉRALE, des intérêts que n'ont pas les hommes de la presse, et qui comprendront, sans doute, que les questions *purement sociales* doivent remplacer les questions de partis.

Sous ce rapport, au moins, nous ne craignons pas de reproches ; nous prêchons de préceptes et d'exemple : notre acte de société le prouve ; et nous sommes d'avis que, pour avoir le droit de crier bien fort contre la corruption, contre la *cupidité*, contre *l'égoïsme*, il faut commencer par n'être pas soi-même *égoïste* et *cupide*, par vouloir tout pour soi, rien pour les autres, et ne pas se persuader que des actionnaires d'un journal sont trop heureux de faire les frais d'un premier-Paris quotidien.

D'ailleurs, les phases par lesquelles a précédemment passé *le Journal du Commerce* n'ont pas été propres à lui mériter la confiance des honnêtes gens : il reste toujours quelque chose de fâcheux d'une mauvaise action, et nous disons, pour notre compte, que, tant que le prince Louis, dont nous ne nous faisons cependant en aucune façon le champion, n'aura pas déclaré publiquement qu'il n'a, en aucune manière, à se plaindre des anciens possesseurs de cette feuille, nous croirons, avec tout le monde, que sa généreuse confiance a été honteusement exploitée par des gens qui encore se posent en puritains vis-à-vis du public et du gouvernement.

Tout le monde sait aujourd'hui parfaitement la cause de la fortune du *Siècle*. Il n'y a pas une personne abonnée à cette feuille qui ne se défende tout de suite d'être partisan de sa politique, dont on ne sait jamais le mot réel, et qui, comme le disait le maître décrotteur du passage de l'Orme, en cirant les bottes d'une pratique, « change si fréquemment » d'un jour à l'autre, qu'on ne sait presque jamais avec ce journal, si on » doit penser le lendemain de la même manière que la veille, et qui enfin » est constamment pour les hommes, jamais pour les choses, etc., etc. »

Le *Siècle* est rédigé en chef par un homme sans conception, par un homme qui n'a aucune idée d'*initiative*, et dont l'action se borne à enregistrer chaque jour ce qui se passe. Sa lutte avec Carrel a laissé d'ailleurs d'assez tristes souvenirs dans l'esprit de ceux qui l'ont connu ; et tout ce qu'on a vu de lui dans ces derniers temps, soit comme journaliste ou comme député, n'est certes pas propre à donner une meilleure idée de sa personne. On dirait, en vérité, que toute son intention est d'être insignifiant : si cela est, il y réussit parfaitement. Quelques uns des siens qualifient cette conduite de sage, de prudente ; elle est tout simplement celle d'un homme sans conscience et sans cœur, qui profite d'une position qu'on lui a faite, on ne sait pas pourquoi !...

Toute la fortune du *Siècle* a été dans ses feuilletons !

Un journal qui se présentera, sous ce rapport, dans des conditions plus avantageuses, peut donc espérer de l'emporter sur lui, et cela n'est pas si difficile qu'on le croit ; nous espérons le prouver.

Nous ne pousserons pas plus loin l'examen des journaux de ce parti : qu'ils soient inféodés à M. Thiers ou à M. Odilon Barrot, et quelquefois à l'un et à l'autre successivement ou *alternativement*.

C'est ainsi que le *Siècle*, qui est plus directement placé sous M. Barrot, se rapproche plus de M. Thiers, quand celui-ci est au pouvoir, et alors échappe toujours à M. Odilon Barrot, parce que ce rusé M. Thiers, dans un de ses épanchemens *calculés*, a insidieusement lâché, comme par distraction, à M. Chambolle, un de ces mots qui troublent l'esprit des hommes ambitieux qui ne peuvent rien être par eux-mêmes : *Qu'il y avait en lui l'étoffe d'un ministre de l'instruction publique!*!...

Nous sommes persuadé, nous, que ces deux hommes ne représentent pas plus l'un que l'autre l'intérêt du pays.

M. Thiers est un de ceux qui ont le plus contribué *activement* à enlever à la France les conséquences de la révolution de juillet.

M. Odilon Barrot est celui qui a le plus contribué PASSIVEMENT, en engourdissant tous ceux qui se sont attachés à lui.

Effectivement, M. Odilon Barrot a l'inconcevable faculté de paralyser tous ceux qui l'approchent, effet de la torpille sur ceux qui la touchent. C'est Lafayette en petit, moins l'aménité des formes, qui mettait tout le monde à l'aise devant lui, tandis qu'on ne sait que devenir quand on est devant M. Odilon Barrot qui, comme le mancenillier, endort d'un sommeil de mort tous ceux qui l'approchent.

Il n'a jamais l'action de l'opinion qu'il émet, et depuis le fameux compte-rendu, dans lequel il semble avoir jeté son âme, ce chef de l'opposition n'est plus sorti de sa somnolence et n'a plus la force de rien. Nous en avons, nous, fait la cruelle épreuve, et nous avons reconnu, à nos dépens, *qu'il n'a même pas le courage de la chose qu'il adopte.*

On parle beaucoup, après cela, de la probité politique de M. Odilon Barrot. La probité politique !... Mais la probité *en toutes choses* veut qu'on ne laisse pas peser *sur un seul homme* les conséquences d'une résolution que l'on *a prise en commun*, et que l'on n'abandonne pas sur la brèche celui qui tient fidèlement le drapeau d'une cause que l'on a adoptée.

Nous prétendons, sous ce rapport, avoir des motifs de graves reproches que mérite M. Odilon Barrot, et nous n'hésitons en aucune façon à les lui adresser directement, comme nous l'avons fait à M. Chambolle qui, lui aussi, a agi de la même manière.

Ainsi, nous disons donc que, pour nous, les journaux de cette nuance ne représentent pas plus que les autres les intérêts réels du pays, mais le patronage de coteries, mais la spéculation d'intérêts privés, d'ambitions personnelles; qu'ils manquent essentiellement d'une utile *initiative*; qu'ils ne sont opposés au pouvoir que parce qu'ils ne sont pas le pouvoir eux-mêmes; que les hommes qui les patronent feraient exactement comme ceux qui y sont, s'ils pouvaient y parvenir; et que le plus pitoyable dans tous ceux-là serait encore très certainement M. Odilon Barrot, qui semble aujourd'hui avoir limité son action à un ou deux discours par session, à quelques allocutions dans des banquets, et n'a même plus la force de formuler un programme qui rende sa politique intelligible aux siens mêmes, mais que l'on trouve toujours somnolent dans toutes les circonstances où il faut montrer de l'énergie et de la persévérance. Enfin, pour le pouvoir, si M. Odilon Barrot n'avait pas existé, il aurait dû l'inventer, ce qui n'aurait peut-être pas été facile ; car il n'en aurait certainement pas trouvé un second plus propre que lui à endormir, à paralyser les hommes dont il aurait redouté l'action !...

Non, sérieusement, ce n'est pas à la manière de M. Odilon Barrot qu'il est permis de se poser en homme politique, surtout comme chef de parti. Quand on a du cœur, du patriotisme, il faut avoir *des pensées réelles*, et les soutenir avec vigueur, persévérance, et ne se laisser aller ni à la faiblesse, ni au découragement ; et nous avons de lui des lettres qui ne sont pas dignes de la position qu'il occupe. Il est fâcheux, disons-le encore, que la conduite de M. Odilon Barot semble si bien s'harmoniser avec les intérêts de sa famille, et nous avouons avec franchise et sincérité que nous ne sachions pas que sa libéralité le mette à l'abri de tout soupçon de ce côté: et, pour en finir par une expression claire et nette de notre pensée, nous disons : que quand on est dans une position fausse ou ridicule, il faut, à tout prix, avoir le courage de la changer ; et celle de M. Odilon Barrot est l'une et l'autre en même temps ; en la continuant, il risque de passer pour un compère ; déjà le reproche lui en a été fait publiquement.

..... La question est de savoir maintenant s'il est mérité.....

Nous n'avons cependant pas l'intention de condamner ici en principe le *libéralisme politique* dont nous avons été nous-même un des plus chauds partisans ; mais nous disons qu'il devait se transformer en 1830 ; qu'il ne l'a pas fait ; que c'est là son tort, parce que c'est là aussi qu'est la nécessité de l'époque. Nous le prouverons ci-après. Nous allons auparavant continuer notre examen sur la presse.

Nous sommes ainsi amené à exprimer notre opinion sur deux autres des parties qui la composent : la *presse radicale* et la *presse légitimiste*.

Bien qu'elles ne soient pas arrêtées, comme les autres, dans les ornières du vieux *libéralisme politique*, pour lequel elles n'ont jamais eu ni affinité, ni sympathie, elles ne sont pas plus que les anciens et nouveaux journaux libéraux dans les conditions de publicité que *doit adopter la presse nouvelle et réellement nationale*. Elles en sont, au contraire, plus éloignées de toute la distance que met entre elles et eux l'ordre de choses qui existe aujourd'hui, et qu'elles n'ont pas adopté, attendu que, pour arriver à ces nouvelles conditions, il faut admettre ce qui est, puisqu'il ne doit plus s'agir de renverser, de détruire, mais d'améliorer dans un but d'intérêt général, et c'est ce que ne veulent ni la *presse radicale* ni la *presse légitimiste*.

LA PRESSE RADICALE ne veut, elle, à aucun prix, s'associer aux premiers pour arriver avec eux aux améliorations que notre état gouvernemental actuel comporte. Elle repousse de toutes ses forces la *monarchie représentative* ; et si elle combat quelquefois à côté des libéraux, c'est toujours dans une autre intention que la leur. Ce qu'elle veut !... son but, son but unique, c'est le renversement, c'est la destruction de tout ce qui est, pour nous livrer à toutes les éventualités d'une création nouvelle dont la forme est encore, pour ceux mêmes qui dirigent cette partie de la presse dans les plus noires ténèbres du chaos, aux éventualités d'une création qui porte avec elle le germe des divisions intestines les plus fatales, et dont seraient évidemment victimes ceux-là mêmes qui les préconisent le plus, si elles se réalisaient. Ils le savent tout aussi bien que nous, mais ils persistent et jouent un présent réel, facilement modifiable, dans l'intérêt de tous, contre un avenir qui ne peut s'apercevoir qu'à travers des guerres civiles interminables.

Ils parlent, après cela, beaucoup de leur bonne foi, de la sincérité de leurs opinions, de la pureté de leurs convictions. De la bonne foi !... peut-on, avec bonne foi, désirer voir son pays jeté dans les horreurs révolutionnaires ?... Peut-on avoir une conviction pure, des opinions sincères, quand on ne sait même pas donner à la chose que l'on préfère une forme décidée. Ces messieurs nous parlent de république, comme s'ils l'avaient inventée ; comme si personne ne savait ce que c'est qu'une république, comme si l'expérience de cet état gouvernemental n'avait été fait nulle part ni chez nous... Mais sont-ils d'accord entre eux sur la nature même de cette république ?... La république des hommes de la *Tribune* était-elle la république de ceux du *National* qui, alors que la *Tribune* existait, étaient appelés des *républicains en gants jaunes par les mêmes hommes qui, depuis, sont passés au National*.

S'ils avaient des convictions sincères, les modifieraient-ils ainsi selon le temps, selon les positions qu'ils occupent. S'ils étaient de bonne foi, ne reconnaîtraient-ils pas la justesse de ce mot de Carrel mourant : « Je me suis laissé acculer dans une impasse !... » Non !... nous le disons, nous, avec sincérité, ces républicains d'aujourd'hui, au moins ceux qui dirigent la *presse radicale*, ne sont pas des gens de bonne foi ; ce sont, comme tous les autres, des gens qui spéculent sur une idée, rien autre chose. Il est possible qu'il y ait de la bonne foi chez ceux à qui s'adressent ces théories subversives, parce que, mécontens de voir nos institutions faussées, altérées, ils désirent autre chose qui résiste mieux à l'action du pouvoir *exécutif* ; mais ils n'examinent pas assez par eux-mêmes les inconvéniens *d'un état provisoire*, incertain comme une république ; et ceux qui émettent ces théories, qui les propagent, ne sont certainement pas de bonne foi. La preuve, c'est que, quand on les pousse à bout sur la question de savoir ce qu'ils mettront à la place de ce qu'ils auront renversé, ils sont toujours sans réponse, et ne voient plus qu'une DICTATURE pour tout arranger ; ou, pour mieux dire, un pouvoir militaire, un pouvoir de fer qui mette tout le monde à la raison. Voilà le complément de la politique de messieurs les républicains ; après cela, arrivera ce que pourra !... Il va sans dire que chacun de ces messieurs se sent assez fort pour être ce dictateur, pour diriger ce pouvoir militaire, ce pouvoir de fer qui doit tout maintenir dans l'ordre : la modestie n'est pas la vertu de ces messieurs. Mais si, malheureusement, la confiance que chacun d'eux a en soi n'est pas partagée par tous, à l'égard d'un seul, alors ils feront comme les rats, ils s'entredévoreront jusqu'au dernier et saccageront tout.

Voilà le beau spectacle que nous offre le parti républicain triomphant ! Peut-on croire, après cela, que ceux qui le mènent sont des gens de bonne foi ?... Pour notre compte, nous répondrons de nouveau que cela ne se peut pas. Ce sont des ambitieux, des gens avides qui spéculent sur les passions, les faiblesses ou l'ignorance des autres ! Et la preuve encore, c'est qu'ils savent positivement que ce qu'ils veulent, ou plutôt feignent de vouloir, est impraticable. Ils ne pensent donc qu'à profiter de la position qu'ils se sont faite. Oui, la république est désormais impossible chez nous, exceptionnellement si on veut, nous le soutenons, parce que nous sommes convaincu que chaque peuple a une nature qui le porte plus particulièrement vers une forme quelconque de gouvernement que vers une autre. En France, la *monarchie représentative* date de l'origine de notre nation ; elle est donc positivement celle qui nous convient ; nous pensons même qu'il n'est pas permis de lui en substituer une autre, sans porter atteinte à des droits imprescriptibles ; et certainement tout ce que nous avons de mieux à faire, c'est de réunir tous nos efforts pour qu'elle ne soit ni viciée, ni altérée, pas plus par les uns qui veulent tout détruire, que par les autres qui veulent abuser du pouvoir qu'on leur a donné.

Et certes, sous ce rapport, nous sommes forcé de déclarer franchement que nous considérons que la *presse radicale* est celle qui a porté le plus grand préjudice à la nation depuis 1830, par les terreurs *qu'elle a causées*, ET 'QUE L'ON A EXPLOITÉES ; et c'est elle, elle seule qui est la cause, la cause presque unique des pertes qu'ont éprouvées nos libertés publiques ; et nous ne sachions pas qu'il existe des moyens qui aient mieux servi le gouvernement que ses attaques. Nous ne pensons même pas qu'il y ait une personne sensée qui puisse le contester ; c'est à ce point, enfin, qu'il y en a beaucoup qui croient que la *Tribune* jouait un rôle convenu dans l'intérêt du gouvernement !..... Nous ne sommes pas de cet avis ; mais nous soutenons que ses attaques nous ont porté le plus grand préjudice, et que c'est à elle que sont dues les lois de septembre.

Certainement, si les hommes qui étaient engagés dans ce parti avaient consacré leur incontestable talent à soutenir les libertés publiques, sans poser en principe le renversement du gouvernement, mais laissant seulement supposer qu'il pouvait être la conséquence de l'envahissement illégal du pouvoir, ils n'auraient pas donné des armes contre eux ; ils n'auraient pas paralysé les hommes de l'opposition, dite dynastique, qui souvent ont été contraints de s'arrêter pour ne pas paraître prêter la main *aux hommes de la destruction*, et ont ainsi donné des avantages à ceux du pouvoir. Nous blâmons toutefois cette opposition de cette faiblesse, parce qu'elle pouvait très bien établir une ligne de démarcation qui la distinguât, sans abandonner les intérêts qu'elle avait mission de défendre ; pour que cette mission s'accomplisse utilement, nous sommes d'avis que c'est encore contre ce parti qu'il faut diriger la moitié de nos forces, afin de pouvoir employer l'autre au service du pays ; et c'est pour cela que nous débutons de manière à ne jamais laisser croire que nous puissions nous entendre avec eux dans leurs projets subversifs et destructeurs. Si des reproches nous étaient adressés, sur le refus que nous faisons de croire à leur sincérité, nous leur dirions alors d'abjurer leurs erreurs, car les républicains sont en minorité extrêmement infime dans la nation, et des hommes sincères ne peuvent avoir la prétention de gouverner *dans l'intérêt de tous*, par une minorité de cette nature.

Voici nos opinions sur la *presse radicale*, en général. Pour en faire application au seul journal qui la représente actuellement, le *National*, nous nous contenterons de rapporter textuellement tout ce que dit à son sujet, dans une brochure fort remarquable, M. Considérant, dont nous nous honorons de partager sous ce rapport, comme sous beaucoup d'autres, les opinions, puisqu'il est vrai que ce sont les mêmes idées qui nous ont amenés sur le même terrain des intérêts sociaux et humanitaires (1).

Nous ajouterons cependant, pour notre compte particulier, à l'égard du *National*, que l'ardeur avec laquelle il a défendu les fortifications, a révélé tout ce que l'on pouvait attendre de ce parti. Comme tous les gouvernemens violens, il n'a d'autres idées que de dominer par la force ma-

---

(1) « *Le National* est aujourd'hui ruiné par la base dans le parti même au
» quel il appartenait. L'opinion démocratique se transforma rapidement : de
» purement politique et pleinement révolutionnaire qu'elle était il y a peu d'an
» nées encore, elle tend à devenir sociale, pacifique et organisatrice. *Le Na
» tional* résiste de toute la force de ses préjugés, violens et haineux, à ce grand
» et bienfaisant mouvement de transformation. Le peuple et ses amis, éclairés
» et sincères, désillusionnés sur ce journal dont les sentimens sont fortement
» aristocratiques et les doctrines impérialistes et révolutionnaires, n'ont pas
» seulement cessé de voir en lui un défenseur des véritables intérêts populaires,
» ils ont été obligés de reconnaître en lui un ennemi acharné des droits sociaux,
» du travail et des masses. Son ton hautain et dictatorial, sa haine pour toutes
» les idées nouvelles que l'amour du peuple et l'étude des intérêts démocrati
» ques font éclore de notre temps, la violence et la perfidie qu'il met à la pour
» suite de ces idées, la colère mal déguisée avec laquelle il en subit les formules
» (organisation du travail, etc.), quand elles sont devenues tellement popu
» laires qu'il est obligatoire pour tous les *exploiteurs d'opinion publique* de s'y
» soumettre ; sa politique odieuse qui ne cherche, ne propose et ne veut d'au
» tres moyens, pour améliorer le sort des masses ouvrières, *que d'en faire ha
» cher la partie la plus vive et la plus généreuse sur les champs de bataille
» européens* ; tout cela a fini par ouvrir les yeux. *Le National* veut le pouvoir
» pour sa coterie, voilà toute sa politique et toute sa démocratie. La mort
» du *Journal du Peuple* a rendu quelque vie au *National* en lui ramenant de
» force 1,500 abonnés. Déjà il agonisait ; mais le mouvement qui se prépare
» dans la presse lui sera mortel s'il ne fait peau neuve. Carrel avait bien vu,
» lui, où *le National* allait ; il est mort en prononçant ces mots révélateurs :
« Je me suis laissé acculer dans une impasse : » mais ces paroles suprêmes n'ont
» rien appris à ses successeurs et ne leur ont rien fait oublier. *Le National*
» mourra dans l'impénitence finale !.... »

érielle; et l'espoir de s'emparer un jour d'une manière quelconque d'une partie de ces fortifications pour la faire servir à la réalisation de ses projets, est tout ce qui l'a déterminé. Peut-on croire après cela aux principes de liberté dont les hommes de ce parti font tous parade? Pour nous, nous le répétons encore, nous n'avons aucune confiance en eux ; et il nous semble que la conduite du *National* dans cette circonstance ne doit lui laisser aucun partisan dans les amis du pays et de la liberté, ni même dans les républicains de conscience, s'il y en a, car ils doivent bien reconnaître maintenant que si une réalisation dans ce sens pouvait avoir lieu, elle serait bientôt confisquée au profit de tous ces apprentis dictateurs ! ! !......

Un autre journal radical vient de paraître. Nous n'articulerons rien ni pour ni contre lui. Nous ne sommes pas encore assez fixé. Nous demanderons seulement s'il sera le second, la doublure du *National*; s'il sera, selon le langage de ces messieurs, *plus avancé que lui*, ou bien s'il admettra la possibilité du progrès sans mettre le renversement en principe?

Son titre ferait croire qu'il n'a d'autres vues que de contribuer à faire améliorer nos institutions en en élargissant la base; car *Réformateur* ne veut pas dire *Destructeur*. Sous ce rapport, nous serons parfaitement d'accord avec lui, puisqu'il admettrait ainsi, implicitement, comme base principale, l'ordre de choses actuel.

Ce journal, qui s'appelle *la Réforme*, avait refusé les avances de certaine partie de la presse légitimiste pour ne pas être confondu avec elle. Aujourd'hui il les accepte. Il a raison : sans changer sa nature, on peut très bien s'entendre sur des questions principales pour leur succès, et la réforme électorale est une de celles sur lesquelles nous nous entendrons, nous, avec tous ceux qui la demanderont et la soutiendront comme nous, parce que nous la considérons comme le principe de toutes les améliorations.

La *Réforme* a inséré le   septembre une longue lettre de M. Louis Blanc, où l'on trouve un passage dans lequel il blâme la bourgeoisie d'avoir contribué à l'érection des fortifications, et par conséquent de favoriser elle-même l'organisation de ce militarisme qui est destiné à la maîtriser bientôt; mais il nous semble que l'auteur de cette lettre, pour être conséquent, aurait bien dû blâmer aussi ses propres amis qui y ont contribué comme les autres, et ne pas attribuer cette faute à une seule catégorie quand elle est l'œuvre de plusieurs.

Nous avons lu avec d'autant plus d'attention cette lettre de M. Louis Blanc, que nous avons dû la considérer, pour ainsi dire, comme une profession de foi sur la nature de la participation qu'il se propose de donner à la publication de cette feuille aussitôt que les engagemens qu'il a pris avec le public seront remplis. Nous devons donc dire ce que nous pensons de cette lettre (1). Or, nous l'avouons sincèrement, quoique à regret,

---

(1) Nous n'admettons en aucune façon d'abord sa définition donnée au mot *peuple*. Elle est absolument illogique, attendu qu'avec cette définition on serait

nous n'y distinguons rien autre chose que la pensée d'un homme de parti. M. Louis Blanc, en voulant faire le procès de l'état gouvernemental actuel, fait tout simplement le procès de l'humanité tout entière. Tout ce qu'il y a d'important maintenant, c'est de savoir si le système de M. Louis Blanc remédiera à toutes ces imperfections humaines, et comment il s'y prendra. Cette lettre et son livre sur l'organisation du travail seront plus tard, pour nous, l'objet d'un examen que nous opposerons aux idées émises et dans l'un et dans l'autre, et qui nous semblent manquer de justesse sur une infinité de points, quoique nous rendions pleine et entière justice aux sentimens distingués que professe M. Louis Blanc, ainsi qu'à ses intentions incontestablement pures et désintéressées, ce que prouvent tous les actes de sa vie.

Nous sommes arrivé à cette partie de la presse qui s'appelle *légitimiste*.

Le lendemain du jour où un pouvoir a été constitué qui a remplacé le pouvoir déchu, les journaux de ce pouvoir ont dû nécessairement faire une vive opposition à celui qui succédait au premier. Mais aussitôt ces journaux se sont, à leur tour, divisés entre eux. Ce qu'ont voulu les uns n'a pas été ce que les autres ont voulu, et il s'est trouvé, qu'après une certaine période, ils sont devenus aussi ennemis les uns des autres qu'ils pouvaient, chacun de son côté, l'être de ceux qui soutenaient le nouveau pouvoir; en sorte qu'aujourd'hui ils sont, pour ainsi dire, aussi bien séparés que chacun d'eux l'est des autres, puisqu'ils avouent « *qu'il y a entre eux des abîmes!* »

Ainsi la *Quotidienne* et le journal la *France* ont entrepris la tâche inconcevable de prouver au monde la justesse de ce mot de M. de Talleyrand, appliqué aux hommes de la restauration : « *Ils n'ont rien oublié, ils n'ont rien appris.* » C'est l'*immobilisme constitué*. Une pareille entreprise peut exister, puisqu'elle existe en effet; mais elle ne supporte en vérité aucun examen. Trouver des hommes qui nient quotidiennement le mouvement dans la nature, la transformation des sociétés et les changemens dans la forme des gouvernemens, selon les temps et les besoins; qui veulent contester le progrès et maintenir toujours l'humanité au même point où ils l'ont trouvée; avoir l'idée de faire revenir sur leurs pas des nations qui ont marché; de faire rentrer dans le sein de sa mère

---

du *peuple* aujourd'hui, parce que l'on n'aurait pas d'argent, et que l'on cesserait d'en être si demain on faisait un héritage de quelques milliers de francs. Le peuple, comme l'entend M. Louis Blanc, est presque la plèbe romaine (*plebs*), il n'y a plus rien de cela chez nous. En 89, on pouvait admettre la définition de Sièyes : « Le peuple, c'est la nation, moins les nobles et les prêtres. » Aujourd'hui, comme les nobles n'ont plus d'autres droits civils et politiques que les autres, le *peuple*, c'est la nation, et ce ne sont ni la richesse, ni la pauvreté qui font que l'on est ou que l'on n'est pas du *peuple*!...

un être quelconque, c'est de l'absurde, sans doute : eh bien ! l'absurde trouve des gens qui l'admettent et le préfèrent, et c'est la *Quotidienne* et le journal la *France* qui se sont chargés de distribuer tous les jours cette pâture à leurs abonnés. Nous, hommes de progrès, de *libéralisme social*, nous n'avons rien à faire avec ces gens-là, qu'ils aient M. Berryer ou M. Valmy à leur tête, ou soient subordonnés à *des influences* plus ou moins stupidement attachées à des chimères. M. Berryer qui, par intérêt, s'est confiné dans un parti, tandis qu'en conservant son indépendance, en servant l'intérêt du pays, il aurait été, par son talent, le premier homme de France. Mais il s'est attaché à des bagatelles ! M. de Valmy, une des plus grandes et de plus prétentieuses nullités de l'époque, *qui n'a du général Kellerman que le nom*, et qui s'est fait légitimiste sans savoir pourquoi, en conservant son nom révolutionnaire, pour donner une preuve plus frappante de l'incohérence de ses idées et de la pauvreté de son jugement.

Une autre partie de la presse légitimiste, immédiatement après la révolution de juillet, a pris une route différente. Admettant le progrès dans la nation, elle s'est aussitôt placée à ce point de vue. Considérée comme opposée aux libertés publiques sous la restauration, elle s'en est déclarée l'appui contre le gouvernement actuel ; et depuis cette époque, *depuis treize ans*, comme elle le dit tous les jours, DEPUIS TREIZE ANS !!..., elle ne cesse de combattre pour elle avec une ardeur qui aurait été digne des plus grands éloges si elle s'était manifestée de la même manière sous le précédent gouvernement.

Mais à toutes ses manifestations on lui répond : Pourquoi n'avez-vous pas dit tout cela dans un autre temps ?.... Pourquoi n'avez-vous pas combattu de la même manière pour ces libertés quand les vôtres étaient au pouvoir ?... Où étiez-vous quand s'est fait la révolution de juillet contre leur confiscation ?..... Où étiez-vous quand il a fallu combattre ceux qui s'en étaient rendus les ennemis ? Où étiez-vous quand les étrangers ont envahi la France ?..... — Ceux dont elle recherche aujourd'hui l'alliance lui disent encore : Vous étiez dans leurs rangs !.... Vous attaquiez ces libertés, comme vous aviez soutenu les cours prévôtales, les réactions du midi !.... comme vous souteniez partout les envahissemens du parti prêtre !.... Et la fameuse chambre introuvable, les trois cents spartiates de M. de Villèle, qui certes n'ont pas pu être considérés, eux, comme des champions de ces libertés : conséquemment, comment voulez-vous que nous ayons confiance en vous ?.... A qui pensez-vous persuader que vous êtes sincère et de bonne foi ?..... A personne, sachez-le bien ; tout ce que vous faites ne peut être considéré que *comme un moyen* ; votre arrière-pensée n'est douteuse pour qui que ce soit, et la preuve, c'est qu'on ne vous lit pas !.... Quoi que vous fassiez, quelque belles que soient les choses que vous dites, quelque vives que soient vos déclarations, on ne vous lira pas davantage, *votre nom* SEUL *est un obstacle* ; vous ne parlerez toujours que pour les vôtres, et conséquemment vous ne convaincrez personne ; car on se défie de vous.

2

Voilà le langage qui, sous toutes les formes possibles, est tenu tous les jours par les autres journaux à cette partie de la presse légitimiste dont nous parlons.

C'est, en effet, cette conviction acquise par M. de Genoude, que la *Gazette de France* était repoussée, *repoussée*, c'est le mot, par tout l'ancien parti libéral; par tous les partisans de l'ordre de choses actuel; par tout le peuple et la bourgeoisie qui, de fait ou d'intention, ont participé à la révolution de juillet, qui en ont adopté les principes, les conséquences, les affections et les antipathies; c'est cette conviction que la *Gazette de France* ne parviendrait jamais à être lue par eux, qui a décidé M. de Genoude à fonder la *Nation*, et à la mettre à un prix si bas (30 fr. par an) qu'elle devait, selon lui, PAR CE MOYEN, pénétrer partout et servir ainsi d'introduction à *la Gazette*, ou du moins à ses doctrines, en la recommandant à l'attention des lecteurs de la *nouvelle feuille*.

Il ne s'agit plus d'examiner ici cette création sous le point de vue administratif et financier, ceci a été fait dans les CONSIDÉRATIONS PRÉLIMINAIRES, mais il s'agit de l'apprécier sous son point de vue moral, et dans ses combinaisons politiques et littéraires.

Disons d'abord que c'est déjà une chose fâcheuse que d'être obligé de se déguiser pour se faire admettre en un lieu quelconque, et de prendre un pseudonyme pour passer. C'est en quelque sorte avouer que le nom que l'on porte a en soi quelque chose qui motive la répulsion, puisque l'on consent à en prendre un autre qui cache ce que l'on a intérêt à ne pas laisser voir.

Il y a, en effet, dans la création de la *Nation* une infinité de choses qui laissent évidemment beaucoup à désirer, prises au point de vue de la vérité et de la loyauté.

Quoi qu'il en soit, elle aurait pu acquérir une grande influence si elle avait été autrement dirigée; si son attache au parti légitimiste avait pu être tenue plus mystérieuse; si la propriété n'en avait pas tout de suite été attribuée à M. de Genoude, et si elle s'était bornée à faire valoir de temps en temps les manifestations de la *Gazette de France* en la citant: elle aurait ainsi pris de l'extension parce que les doctrines qu'elle contient devaient certainement plaire aux amis du pays, car il est incontestable qu'elle dit aujourd'hui, et depuis sa création, les meilleures choses au sujet des libertés publiques, des droits imprescriptibles de la nation et des individus. Mais malgré toutes les précautions que M. de Genoude avait prises dans le principe pous *masquer* l'origine de la *Nation*: *lieu d'abonnement séparé, nom d'imprimeur supposé,* etc., etc., etc., on n'a pas été un instant en doute à ce sujet. Ensuite, M. de Genoude n'a pu, lui-même, résister à la satisfaction d'être connu comme le maître absolu de ces deux journaux qui, dès lors, n'ont plus été que l'écho l'un de l'autre avec cette éternelle rubrique: On lit dans la *Gazette de France*, quand c'est la *Nation* qui produit; on lit dans la *Nation*, quand c'est la *Gazette de France*! Et ce qui est presqu'un peu bouffon, quand on sait la vérité, et tout le monde la sait aujourd'hui, souvent avec des éloges réciproques et alternatifs (1). Que l'on ajoute à cela un désordre, une confusion inconcevable des matières, renouvelés tous les jours, et qui en rendent la lecture presqu'impossible au public; des redites incessantes sur les mêmes idées dans l'une et dans l'autre; la reproduction du même thème sous toutes les formes possibles, ce qui est fastidieux au dernier point; absence complète d'intérêt littéraire; un nom propre qui revient constamment jusqu'à vingt-sept fois dans un même numéro (ce qui a été compté), glorification continuelle du même homme par deux ou trois écrivains (M. Lepoitevin Saint-Alme; M. Benjamin Laroche; M. Charles Müller) à qui cet emploi paraît spécialement dévolu, pour soutenir toutes les candidatures infructueuses de M. de Genoude: voilà exactement, personne ne peut le contester, ce que l'on trouve incessamment dans la *Nation*. On concevra facilement alors tout ce que les gens du monde, les gens qui sont moins avides de politique, moins désireux du triomphe de M. de Genoude, que des distractions agréables, peuvent éprouver de dégoût en lisant cette feuille qui, en effet, par toutes ces raisons, malgré la modicité de son prix, n'a pu se propager et ne se propagera pas, quelque chose que l'on fasse.

Que l'on joigne encore à cela le défaut, qui est le propre de tous les journaux, c'est à dire une insignifiance complète sous le rapport des intérêts sociaux dans toutes leurs divisions, on aura une idée exacte de la *Nation* et par conséquent de la *Gazette* qui, autrefois au contraire, passait pour un journal très bien fait.

Mais avec tout cela, M. de Genoude a-t-il, lui, fait des progrès dans l'opinion?.... S'est-on davantage rallié à sa personne?.... Pourrait-il se retrouver, comme il y a trois ans, rue Laffitte, au milieu de tous les partis

---

(1) Au moment de mettre sous presse cette seconde feuille, nous trouvons, dans *la Nation* du 19 octobre, deux lettres: l'une de M. Charles Müller, l'autre de M. Benjamin Laroche. Dans la première, M. Charles Müller dit: « La » *Nation* a suivi avec un vif intérêt l'important débat qui s'est élevé entre *la* » *Gazette de France* et le *National*. » Il ajoute : « La *Nation* a prêté appui *à la* » *feuille royaliste*. » Il est vraiment INDÉCENT de se servir de locutions semblables vis-à-vis un public qui sait maintenant comme nous que ces deux journaux sont la propriété du même homme, conduits et rédigés par lui, et que M. Charles Müller et M. Laroche ne sont rien autre chose, dans le journal *la Nation*, que des ouvriers écrivains aux gages de cet homme.

Nous adjurons M. de Genoude de cesser de se servir de semblables rouéries qui le déshonorent aux yeux du monde comme homme et surtout comme prêtre. M. de Genoude doit savoir que le mensonge *ne fait pas secte*!!! et, d'ailleurs, il a assez de ressources dans l'esprit pour employer d'autres moyens que ceux-là.

La première lettre dont nous parlons est celle d'un PAILLASSE, la seconde celle d'un JOCRISSE; car toute la composition de ce numéro de *la Nation* n'est qu'une vraie parade des boulevarts.

On ne conçoit pas que des écrivains consentent à jouer un pareil rôle!... c'est en vérité, trop avilir la profession!!!!

que nous avions réunis au COMITÉ ORIENTAL ?.... Pas du tout !.... Il excite de plus vives passions que jamais, parce que l'on est fatigué de la prétention qu'il a affichée de vouloir *être le centre d'un mouvement national*, de tout absorber en lui, dans son parti, dans ses deux journaux, dans son *individualité* qu'il met toujours en avant ; tout en répétant constamment qu'il ne veut être que le serviteur d'une idée et des intérêts de tous ; c'est lui, toujours lui, lui partout !

M. de Genoude ne peut jamais, en effet, être un *centre*. Il est, sous le rapport *religieux*, sous le rapport *politique*, et ne peut jamais être considéré que comme un homme de parti. Et quelques efforts qu'il fasse pour s'établir sur les intérêts généraux, il n'attirera jamais les autres partis, *parce qu'il est lui-même un parti*, et que les partis ne s'effacent jamais dans un autre. Cette réunion ne peut avoir lieu que sur un *terrain nouveau*, un terrain neutre, placé au milieu de tous, un terrain sur lequel tous puissent non pas s'effacer, mais se fondre dans un intérêt général, comme la chose a eu lieu AU COMITÉ ORIENTAL, il y a trois ans, pour la *question de l'émancipation des chrétiens en Turquie*. M. de Genoude aurait-il pu, lui, opérer alors cette réunion ?... Non, positivement non !... Il pouvait en faire partie, mais en être le *centre* !..... en aucune façon. Il fallait être, comme nous, un homme en dehors des partis, occupé seulement d'une grande idée humanitaire et nationale, dans laquelle les partis pouvaient se fondre. Et la preuve, c'est qu'aussitôt que l'on a cédé aux intrigues de M. Berryer et de M. Mauguin; aussitôt qu'on a voulu la transporter ailleurs qu'au siège de la *Revue Orientale*; aussitôt qu'on a voulu enter sur elle un autre principe, les partis se sont comptés, toutes les passions exclusives ont surgi, et ces réunions n'ont plus eu lieu. Ceux mêmes qui en avaient fait partie n'ont pas pu s'entendre pour formuler un programme. Trois lettres que nous avons écrites à M. Laffitte, à M. de Châteaubriand et à M. le duc Doudeauville, ont suffi pour empêcher toute nouvelle réunion; et M. de Genoude, qui avait conduit cette combinaison, a été blâmé par plusieurs des siens mêmes qui faisaient partie du *comité oriental* ; ce qui sera démontré par la publication que nous nous proposons de faire de l'historique exact et complet de ce comité.

Ainsi, sous le rapport dont nous parlons, la *Nation* a positivement manqué le but de sa création ; elle ne peut être le *centre d'un mouvement national, une réunion de partis*, par cela seul qu'elle est elle-même l'œuvre d'un parti et l'entreprise d'un homme de parti. Et M. de Genoude court risque, malgré tout ce qu'il a fait, de passer par toutes les candidatures de France avant de réussir dans aucune.

Si son intention était d'arriver à populariser les doctrines nouvelles et récentes de la *Gazette de France*; s'il trouvait que, pour être lue, son nom avait besoin d'une modification, c'était de *lui* substituer une autre épithète, de lui donner celle de NATIONALE et de la faire entrer dans la nouvelle combinaison de la presse à 40 fr. Il aurait donné, en même temps, par cette réforme, une preuve de désintéressement et de franchise, et n'aurait pas fourni matière à la critique qui, en effet, a droit de blâmer tous les *semblans qu'il a mis en œuvre* dans la création de la *Nation*; ce qui laisse toujours une fâcheuse idée de la moralité de ceux qui les emploient, et choque d'autant plus vivement tout le monde, que celui qui y a recours est revêtu d'un caractère religieux qui ne permet pas plus le mensonge en action qu'en parole!.... Et la *supposition d'un imprimeur* est un acte de cette nature!....

Quoi qu'il en soit, nous ne faisons, quant à nous, aucune difficulté d'accepter le concours des deux feuilles de M. de Genoude (puisqu'elles sont absolument la même chose). Ce qu'elles demandent, ce qu'elles veulent aujourd'hui est ce que nous demandons, ce que nous voulons, ce que nous demanderons toujours. Conséquemment, sans nous laisser aller à leurs sympathies particulières ; sans nous préoccuper de l'arrière-pensée qu'on peut leur supposer, nous admettons leur concours, parce que nous pensons que ceux qui veulent les mêmes choses doivent se réunir de bonne foi pour les obtenir, quittes à se séparer ensuite pour s'en disputer l'avantage selon le parti auquel on tient. Or, comme le nôtre est évidemment CELUI DES DROITS ET DES INTÉRÊTS DE TOUS ; puisque nous ne nous inféodons à rien ni à personne, nous avons donc le beau rôle à jouer et tout à gagner dans cette association, si courte qu'elle soit! Ainsi nous sommes prêts à donner la main à tous ceux qui voudront les mêmes choses que nous, nous réservant, comme nous le disons, de ne jamais aliéner nos principes et de rester, envers et contre tous, le plus ferme défenseur *des droits et des intérêts de tous*, et le plus indépendant, le plus impartial des journaux.

Cependant, pour être équitable envers tout le monde, envers M. de Genoude comme envers tout autre, envers le parti actuel de la *Gazette de France* et quelques hommes de ce parti avec qui nous nous sommes trouvé en relation depuis les réunions du *comité oriental*, si nous émettons notre opinion personnelle d'abord sur ce personnage si diversement jugé dans ce moment (et nous le devons dans cette appréciation des hommes des journaux et de leurs patrons), nous ne pouvons nous empêcher d'avouer que nous le considérons incontestablement comme le premier homme de la presse de Paris. Ses adversaires doivent commencer à reconnaître qu'il est au moins un rude lutteur, puisque depuis six mois il leur fait la chouette à tous.

M. de Genoude a, en efffet, pour la polémique, une organisation admirable : toujours prêt au travail, à la conversation, à la discussion, il peut ainsi, sans fatigue, employer dix-huit heures par jour. Il rédige, agit; parle, conduit, expose, combine avec la même facilité. Il est en même temps homme d'action, homme de parole, homme de rédaction. Il est impossible d'avoir des formes plus gracieuses, plus séduisantes. Sa manière est toujours la même : jamais il ne s'agite, jamais il ne témoigne ni humeur, ni impatience; jamais il n'a de boutade ni de lenteur; c'est une intelligence qui au réveil est apte à tout et va sans s'arrêter jusqu'au retour du moment du sommeil. Jamais il n'articule un mot blessant pour personne. Il ne se rebute jamais, jamais ne se décourage. Quand un incident quelconque se présente qui le dérange : « *c'est contrariant,* » voilà sa plus forte expression. On est toujours à son aise avec lui ; jamais la conversation ne languit. Il passe d'un sujet à un autre, quitte une personne pour une nouvelle avec une facilité inconcevable, et cependant ne se laisse jamais aller à des digressions confuses. Le repas même n'est pas pour lui un temps de repos ; les affaires se continuent dans ce moment avec autant de facilité que dans tout autre, au milieu des conversations gaies ou sérieuses. Avec toute la force physique et morale de l'homme le mieux organisé, il a toute la finesse, toute la souplesse d'esprit, toute la suavité de langage de la femme la plus adroite, la plus séduisante. Le mécontentement le plus vif ne résiste presque pas à ses formes ; il a toujours moyen d'expliquer par des mots agréables un procédé dont on a pu se blesser. Personne n'est plus habile que lui à éviter un sujet de conversation et à lui en substituer un autre. Quand il est dans des positions de cette nature, il est étourdissant de facilité ; on ne peut se figurer toutes les ressources que lui fournit son esprit.

Il est, comme on le voit, sous tous ces rapports, le contraste le plus frappant avec M. Odilon Barrot.

Toutefois il est fâcheux que l'immense habileté qui résulte de tant de qualités, prenne trop souvent le caractère de la ruse et détruise ainsi tous les avantages qu'elle produirait sans cela. On ne peut croire à quel point ses facultés sont excessives sous ce rapport. C'est là le côté défectueux de M. de Genoude, et ce qui a éloigné de lui beaucoup de gens qui ne croient pas que la droiture doive être sacrifiée à l'esprit, et réellement ceci a quelque chose de déplorable chez un homme si bien organisé.

Nous lui disons ici notre opinion franche et bien sincère : puisse-t-il en tirer parti pour se réformer. Nous le lui conseillons d'autant plus, qu'en définitive, il ne trompe personne, parce que l'on est toujours en défiance avec lui. Et pour l'amour de Dieu, son caractère de prêtre ne devrait lui permettre aucun acte qu'il ne puisse avouer, et nous déclarons que nous n'avons jamais vu personne chez qui la *restriction mentale* s'aperçoive comme chez lui !....

Quant aux horribles précédens qu'on lui reproche sans cesse, nous à qui on ne peut pas en reprocher de semblables, puisque nous étions dans un camp opposé ; puisque nous avons quitté le service en 1814, et avons préféré nous expatrier après le licenciement de l'armée de la Loire dont nous faisions partie à la suite de notre désastre de Waterloo ; nous, enfin, qui ne serons jamais pris dans des positions semblables, nous nous sentons d'autant plus disposé à l'indulgence, sous ce rapport, que nous voyons des milliers de gens fort honorés aujourd'hui et dont on recherche la bienveillance, qui se sont trouvés dans la même position, et que CEUX-LA MÊMES PRÉCISÉMENT QUI FONT de si vifs reproches à M. de Genoude, les gens des *Débats* (c'est connu), ceux de la *Presse*, du *Globe*, du *Courrier Français actuel*, du *Siècle*, de la *Patrie*!!... du *Commerce* et *tutti quanti*.

auraient très certainement fait comme lui dans la même position, puisqu'il y en a entre eux qui soutiennent des patrons qui en ont fait autant : la même cause était en Piémont, à Grenoble comme à Gand!! Les gens du *National* sont-ils purs, eux-mêmes, de certains précédens? Si on doit à leur égard pardonner des erreurs du jeune âge, pourquoi M. de Genoude, bien plus jeune à cette époque, n'aurait-il pas droit à la même indulgence?

Eh bien! nous allons plus loin, nous qui n'avons pas quitté la grande armée depuis et inclus la campagne de Russie, celle de 1813; qui avons assisté à toutes les grandes batailles de celle-ci, à Lutzen, Bautzen, Lowenberg, Goldeberg, aux désastres de la Bauber et à Leipsick; qui avons fait encore la campagne de France; qui nous battions à Provins, à Nogent-sur-Seine, à Montereau pendant que se préparait ailleurs le triomphe des alliés ; nous qui ne sommes pas du nombre des énergumènes qui condamnent toute opinion qui n'est pas la leur, nous convenons en conscience que l'on pouvait très bien, à cette époque, avec des sentimens très généreux, avec beaucoup de patriotisme, voir le salut de la France ailleurs que dans l'attachement à l'empereur.... Et, en effet, les RÉPUBLICAINS MM. SARRUT et SAINT-EDME, les anciens collaborateurs des hommes actuels du *National*, ne viennent-ils pas, dans une biographie de M. de Genoude, d'expliquer à son avantage cette époque de sa vie; et nous, nous déclarons la regarder comme très honorable, parce qu'il était évidemment de bonne foi dans cette circonstance, et que nous sommes d'ailleurs convaincu que le partage de la France aurait eu lieu si on n'avait pu reconstituer l'ancienne royauté; et, en définitive, ce n'est pas elle qui a amené nos désastres, mais nos désastres qui l'ont ramenée!!!...

L'homme qui dit cela n'a pris la cocarde blanche qu'en Perse en 1819, à la recommandation amicale de M. Outrey, alors consul à Bagdad, et dans une circonstance où il était utile de le faire pour rallier à la France les intérêts de ces contrées, ce qui sera exposé dans le récit de nos *voyages*.

Voilà notre opinion sur l'homme des deux journaux, *la Gazette de France* et *la Nation*, qu'il serait honorable *de réunir* en un seul sous cette dénomination : GAZETTE NATIONALE.

Nous devons ajouter un mot pour ce qui est de nos relations directes avec lui. Ainsi nous dirons que si nous avons quelques plaintes à faire, sous le rapport *des moyens que nous avons blâmés* plus haut, nous devons avouer aussi que nous avons beaucoup à nous louer de l'appui que nous avons trouvé dans *la Gazette* et dans *la Nation* pour notre *question orientale*. Nous savons bien qu'on peut nous répondre que, dans cela même, M. de Genoude n'a pas été sincère; que le comité était à peine constitué, qu'il a cherché à le dénaturer et à attirer l'influence dans son parti, à en transporter l'action ailleurs qu'au siége de *la Revue Orientale*. Nous savons tout ce dont nous pouvons nous plaindre sous ce rapport ; ceci sera exposé dans l'historique que nous donnerons de ce comité et dans le compte-rendu qui l'accompagnera. Mais nous soutenons que M. de Genoude a tenu les promesses qu'il nous avait faites ; que jamais *la Ga-*

zette de France n'a refusé les publications ou les manifestations que nous lui avons demandées ; qu'elle en a souvent même spontanément faites qui nous étaient les plus avantageuses.

Nous disons encore que nous avons également beaucoup à nous louer de plusieurs des personnes de ce parti qui ont pris part au *comité oriental*, ainsi de M. le marquis de La Rochejaquelein, de M. le duc de Doudeauville, de M. Nettement, de M. Lourdoueix, de M. Béchard, tandis que nous ne pouvons en dire autant de beaucoup de gens de notre parti. M. Odilon Barrot nous écrivait « qu'il trouvait notre plan fort sage et » très bien combiné ; que nous pouvions compter sur son concours et » sur son dévoûment. » Et à la séance d'inauguration il a fait une allocution si malheureuse qu'elle a arraché à M. Crémieux, placé à côté de nous, cette exclamation solennelle et spontanée : *Vous êtes sacrifié* !....
M. Chambolle s'est ensuite conduit comme un homme sans conscience et sans cœur. Voilà la vérité ; le compte-rendu la démontrera.

Quant au parti de *la Gazette de France* et du journal *la Nation*, qui veut s'appeler *national*, il est, vis-à-vis du gouvernement actuel, absolument dans la même situation où étaient les napoléonistes vis-à-vis de la restauration : ceux-ci sont devenus des libéraux par opposition ; ceux-là, par la même raison, se font *nationaux*. Nous étions avec les napoléonistes quand il fallait combattre l'étranger, avec les libéraux quand il s'agissait d'obtenir pour notre pays des institutions libérales ; sans nous unir à eux absolument, nous donnerons volontiers la main aux royalistes *nationaux* pour avoir les complémens de ces institutions, comme nos pères les ont voulues en 89, comme les voudront ceux qui nous suivront si nous ne les obtenons pas. On voit que nous sommes toujours du côté des intérêts du pays et pour la cause honorable.

Nous sommes enfin arrivé à examiner la presse ministérielle ; à dire, aussi bien sur celle-ci que sur les autres et avec autant de franchise et d'indépendance, ce que nous pensons de ses allures et de son action, et à voir si elle a décidément pour but ce qu'un homme positivement national doit avoir en vue.

D'abord le *Moniteur Parisien*, journal des crieurs des rues et que l'on a rendu insupportable par la persistance que l'on met à en assourdir les oreilles des habitans de Paris, tous les soirs, surtout des quartiers populeux et commerçans. Ce moniteur n'offre d'intérêt que dans les circonstances extraordinaires, comme annonces d'événemens. Les questions sociales n'y sont jamais abordées d'une manière utile, et nous ne sachons pas qu'il y ait quelqu'un qui recherche la lecture de ce journal.

Le *Messager* ne compte pas plus que lui. Ses articles politiques et littéraires ne sont lus de personne ; et en dehors des établissemens publics, qui sont obligés d'avoir la collection des journaux du soir, qui pourrait être un abonné sérieux de ce journal ?...

Le *Moniteur* devrait être, lui, l'unique journal de France s'il avait été continué comme il a été commencé ; mais, avec la manière dont il est fait, il ne peut plus être consulté que pour les actes officiels, les débats des chambres, et encore par ceux-là seulement qui ont des recherches à y faire.

Dans les organes actifs de la presse ministérielle, se présente en première ligne le *Journal des Débats*, qui semble, à lui seul, résumer tout ce qu'il y a d'ignoble (1) dans l'époque : LA CUPIDITÉ, L'ÉGOÏSME, LA VÉNALITÉ, LA FLATTERIE, LA SERVILITÉ.

Nous aurions compris *le Journal des Débats* changeant de propriétaire à chaque reconstitution de gouvernement, ou formé PAR UNE SOCIÉTÉ ANONYME. Ce n'eût été alors qu'un titre banal ; au fond, personne n'aurait été mis en cause ; mais que ce soient les mêmes hommes, la même famille qui, depuis le consulat, l'empire, la restauration, l'empire, la restauration encore, et le gouvernement actuel, se sont donné la mission de flatter, d'aduler tous les pouvoirs existans, tous les ministres en exercice ; de tourner toujours leurs foudres contre les pouvoirs déchus, contre les ministres tombés, et de les opposer les uns aux autres, selon les chances qu'ils éprouvent ; nous le répétons, c'est ignoble. Il faut n'avoir ni cœur, ni âme, ni honte, ni pudeur, pour jouer un tel rôle ; il faut avoir un front capable de tout supporter, et être constitué de manière à ne jamais rien éprouver pour rester dans une position semblable : aussi, voyez comme ils sont gras ; ils sont gras à lard les hommes de cette famille ; ils ne peuvent périr que d'obésité. Ne dirait-on pas la succession du *bœuf Apis* !

Encore s'ils avaient la pudeur de se contenter des avantages moraux qui doivent résulter pour eux de leurs rapports constans avec tous les pouvoirs, on pourrait croire qu'il y a dans cette conduite une espèce de conviction, qui se modifie cependant un peu souvent ; quoi qu'il en soit, on pourrait encore admettre un sentiment d'amour pour ces pouvoirs ; mais, les malheureux, ils se font tout payer, leur silence comme leurs éloges, en sorte qu'il n'est même pas possible de leur supposer la moindre sincérité, la moindre bonne foi ; car ce serait encore plus ignoble de se faire rétribuer pour la manifestation de ce que l'on pense.

Oui, hommes du *Journal des Débats*, si vous voulez qu'on vous accorde quelque estime, qu'on admette quelque conviction dans vos pensées, servez généreusement ; repoussez cette subvention que vous mendiez et qui vous déshonore ; soyez satisfaits de l'influence morale que vous donnent vis-à-vis des fonctionnaires vos liaisons avec les hommes du gouvernement ; mettez quelque grandeur à défendre *librement* vos opinions. Si vous ne le faites pas, si vous continuez vos exigences, vous n'êtes dignes que du mépris de tout ce qui porte un cœur d'homme !!....

Peut-on croire que la honte ne soit pas venue quelquefois faire rougir ces fronts éprouvés et inspirer à ceux qui les portent le désir de résilier des avantages qui leur coûtent de si grands sacrifices moraux !... Est-ce que, par hasard, cette famille n'en aurait pas trouvé en France une autre qui voulût lui succéder ?

Le *Journal des Débats*, par ses dimensions, aurait pu être le journal des grandes questions sociales et humanitaires ; mais obligé, *mercenaire*

---

(1) Nous aurions voulu éviter l'emploi de ce mot, mais cela nous a été impossible, c'eût été altérer la réalité.

qu'il est, d'accommoder ses manifestations aux exigences des intérêts *qui le paient*, ce n'est jamais que sous un point de vue exclusif qu'il les présente. Ainsi il est évident qu'elles ne peuvent jamais être traitées, *dans l'intérêt de tous*. Ainsi ce journal n'occupe donc pas plus que les autres la place unique que l'on doit prendre aujourd'hui ; on ne conçoit pas qu'il se trouve des gens qui aient confiance dans ses doctrines ; beaucoup ne le prennent, en effet, que parce qu'il est le mieux informé des intentions du gouvernement, mais non pour le cas qu'ils font de ses opinions.

Vient ensuite *la Presse* qui, sans contredit, est le journal le mieux fait de Paris. Quoique inféodé au pouvoir, celui qui la rédige n'est pas sans prendre quelquefois des libertés dont les intérêts généraux peuvent tirer parti (1); mais le malheur, c'est que la cupidité est presque toujours pour la plus grande part dans ces écarts. Il est vraiment à déplorer qu'une si grande activité n'ait pas été consacrée au service du bien public et qu'elle ne soit pas restée dans les voies ouvertes par le *Journal des Connaissances utiles*, continuée dans leur application aux intérêts sociaux.

Le *Globe* fait un métier ; il le fait avec une grande verve. Il y a des journaux qui ont pris à tâche d'attaquer *partout et toujours* le gouvernement, les ministres et les agens de l'administration ; il était naturel qu'il s'en établît qui acceptassent la mission opposée, et c'est le *Globe* qui s'en est chargé. C'est un métier indigne sous les deux rapports.

Du reste, on doit comprendre que, dans ces feuilles de nuances si opposées, les QUESTIONS SOCIALES ne peuvent jamais être considérées sous leur point de vue d'utilité générale, mais bien particulièrement sous celui des coteries qu'elles servent et les unes et les autres.

Après avoir passé toute la presse en revue, nous avons donc vu que, dans ses précédens de 1815 à 1830, elle a rendu des services réels, parce qu'alors, dans certaine partie, elle était décidément nationale ; que, depuis 1830, n'ayant plus à servir le *libéralisme politique* qu'elle avait défendu précédemment, elle est devenue servile, cupide et égoïste, entièrement inféodée à des intérêts particuliers de coterie ou d'individus, à des ambitions personnelles, parce qu'elle n'avait pas su créer un nouveau système de publicité qui assurât son influence pour l'avenir. Aussi qu'est-il résulté de cet état de la presse de Paris ? Une indifférence complète, un discrédit général, non seulement pour tout ce qui la concerne, mais même pour les hommes qui y sont adonnés et qui, de leur côté, sont à leur tour arrivés à ce point de démoralisation qu'ils n'ont plus, pour ainsi dire, aucune estime d'eux-mêmes, aucune confiance dans leurs forces, puisqu'ils se sont réduits au métier d'écrire *sans pensée et sans conviction*! et même sans sentimens quelconques.

C'est cet état de la presse quotidienne ; c'est ce dévergondage auquel se sont abandonnés les écrivains politiques, qui ont réagi sur le monde et perverti l'esprit public au point que l'on ne croit plus à rien, que l'on n'a plus de confiance en personne, que l'on ne lit plus les journaux

---

(1) Cet article était écrit le jour même où le journal a publié sa note sur le voyage de la reine d'Angleterre à Eu (numéro du 23 septembre).

qu'avec prévention et dégoût; et seulement par curiosité, par habitude, mais pas du tout avec l'intention de s'attacher aux opinions qu'ils émettent.

Les *anciens libéraux* trouvent partout un des leurs qui leur ferme la bouche aussitôt qu'ils veulent parler ;

Les *républicains* se sont démasqués par leur appui donné aux fortifications, et n'inspirent plus aucune confiance même aux leurs ; et sans les divulgations qui alimentent et animent de temps en temps leurs colonnes, ils seraient évidemment à bout de jeu ;

Les *légitimistes*, qui commencent à désespérer de leur cause, font du libéralisme pour tâcher d'acquérir quelque crédit en dehors des leurs, mais ne sont pas écoutés ;

Les *conservateurs* et les *ministériels* trouvent toujours, pour prouver que tout est bien et qu'il ne faut rien changer, mille et mille raisons qui ne persuadent plus personne et qui n'empêchent pas les esprits de croire qu'il peut y avoir quelque chose de mieux que ce qui est ;

Au milieu de tous ces journaux qui s'attaquent sans cesse ; qui déblatèrent à l'envi tous les jours les uns contre les autres ; au milieu de tous ces individus opposés entre eux seulement pour des questions personnelles ;... au milieu de tous ce chaos de la presse, une IDÉE-MÈRE, une idée féconde manquait qui décidât une marche nouvelle et appelât à elle toutes les attentions fatiguées, toutes les sympathies engourdies par la nullité de tous.

CETTE-IDÉE MÈRE, un journal seul l'a pressentie. Mais émané lui-même d'une utopie, il n'a pas su la préciser, la formuler. Pour tâcher d'y arriver, il s'est engagé dans une foule de définitions embrouillées encore par un néologisme inintelligible presque pour tout le monde; la *Phalange*, le *Phalanstère* étaient en effet de véritables rêveries ; mais des rêveries, il faut le dire, d'hommes purs, généreux, humains, mus par de bonnes intentions ; positivement les plus opposés de sentimens et de pensées aux républicains qui *calculent, eux, sur les misères du peuple*, tandis que les autres ne pensent qu'à améliorer le sort des hommes par la persuasion, la concorde, l'ordre social et industriel ; car voilà exactement la base de leur système, ce qui permet à tous les honnêtes gens de leur donner la main et de marcher avec eux. Certes on n'en peut dire autant des républicains livrés à leurs passions violentes.

Mais les hommes de la *Phalange*, du *Phalanstère*, quand ils pensaient à réaliser leurs projets, ne faisaient pas moins une mauvaise application, une application fautive de bons principes, de bons sentimens. Il n'y avait rien de praticable de leur conception toute fantastique, dans un pays où se trouvent des populations serrées, occupées, ayant des lois, des mœurs, des habitudes, une civilisation faites. On modifie une société de cette nature dans quelques pratiques, mais on ne la transforme jamais absolument. Ensuite, vouloir ôter aux hommes le principal mobile de leurs actions, *leurs passions* généreuses, leurs vertus ; vouloir éteindre chez eux le sentiment de la famille ; vouloir les parquer comme des êtres passifs, ne satisfaisant que *des appétits physiques*, c'était une des plus grandes folies que l'on puisse concevoir quand on a quelqu'idée du genre humain et de la création.

En se convertissant en *Démocratie pacifique* (appellation aussi étrange qu'inintelligible), la *Phalange* se présente avec un système d'idées à elle, mais qu'elle sera obligée d'abandonner au fur et à mesure qu'elle voudra se rapprocher de la pratique et des applications possibles. Cependant elle est dans le vrai ; elle a compris la nécessité de l'époque ; elle est entrée dans la voie ; mais, nous le répétons, elle n'a pas su formuler sa pensée, et c'était la formule qui était nécessaire pour la rendre intelligible à tous.

Et d'abord qu'est-ce que c'est que cette dénomination absolue *Démocratie pacifique*, donnée à ce nouveau journal, et préférée à toutes les autres distinctions appliquées encore par eux à la *Démocratie*? Il nous semble que puisque l'on devait faire un choix parmi toutes les désignations, la DÉMOCRATIE PROGRESSIVE aurait mieux été aux idées des hommes qui ont fait cette création ; elle ne les aurait liés en rien ; le progrès admet toutes les nécessités possibles, voire même celles de la guerre ; et il n'est pas possible de croire à un état pacifique éternel. Ensuite, pourquoi s'être arrêté à cinq ou six définitions de la *Démocratie*? il fallait les continuer à l'infini ou n'en admettre qu'une, ce qui était plus à la portée du monde, et ensuite la présenter sous toutes les influences qui peuvent s'exercer sur elle ou qu'elle peut produire.

C'était donc un étalage insuffisant, incomplet, ou superflu et inutile de désignations. Il n'y a, en effet, qu'une seule démocratie. Qu'elle soit ensuite appréciée dans ses plaisirs, dans ses actions, dans ses occupations, dans ses pensées, dans ses passions, c'est toujours la *démocratie*, et *pacifique* ne signifie absolument rien !

Tout le monde a maintenant la conscience que les journaux qui existent étant tous, chacun de son côté, inféodés à des partis, à des coteries, ne servent que des personnages, des intérêts d'avocats, des spéculateurs de toute nature, ou des illusions honorables, mais certainement en rien l'intérêt réel du pays.

De tout ce qui précède, résulte donc la nécessité de fonder un organe libre, positivement indépendant, jugeant impartialement toutes les questions, non pas du point de vue exclusif du gouvernement ; non pas du point de vue de telle ou telle opposition, de tel ou tel personnage, de tel ou tel parti, mais du point de vue réel de l'intérêt général ; un organe qui se dévoue au triomphe des idées nouvelles qui montent à la surface de la société actuelle et qui, mises en pratique, sont destinées à la *régénérer*.

Ce n'était ni parmi les CONSERVATEURS, comme ils s'appellent, ces gens avides qui veulent tout pour eux ; ni parmi les MINISTÉRIELS PURS, ceux-ci qui trouvent tout bien, parce que le budget est là qui les solde ; ni parmi les RÉPUBLICAINS, qui veulent tout renverser, tout détruire, au risque de s'en tredévorer ensuite pour être maîtres du pouvoir ; ni parmi les LÉGITIMIStes, qui trouveraient tout ce qui existe trop libéral s'ils étaient au pouvoir, et qui font du libéralisme à outrance pour tâcher d'y revenir, que l'on peut trouver cet organe. Il est aussi absurde de vouloir tout *immobiliser*, parce que l'on est satisfait, que de vouloir tout *bouleverser*, parce que l'on croit avoir des motifs de ne l'être pas du tout.

Ce n'est pas davantage dans cette quantité de journaux, qu'on appelle *dynastiques* que cet organe peut se trouver; ceux-ci sont trop préoccupés des personnes qu'ils veulent pousser au pouvoir pour y entrer avec eux, mais qui n'y arrivent jamais. Ils traitent, par conséquent, presque toutes les questions sociales sous des influences qui les détournent trop facilement de la route qu'ils devraient suivre (1); et d'ailleurs, faut-il le dire, tous ceux qui sont à la tête de la rédaction des journaux de cette catégorie n'ont ni le caractère, ni la portée d'idées, ni même les connaissances sociales, humanitaires et naturelles, qu'il faut avoir pour remplir une pareille mission. Tout ce qu'ils peuvent faire, c'est de continuer jusqu'à extinction le *vieux libéralisme politique*. Sur ce thème-là on peut ressasser tant que l'on veut les mêmes idées, sans rien définir; et ce système va très bien aux hommes de la valeur de M. Chambolle et autres.

Pour avoir quelque chose de mieux, de plus vrai, de plus national, de plus intelligent, et surtout de plus en harmonie avec les besoins de l'époque, c'est donc ailleurs qu'il le faut chercher.

Nous le répétons, le journal la *Démocratie pacifique* (puisque c'est absolument ainsi qu'il faut l'appeler seul est dans le vrai); mais il a des utopies qu'il faut qu'il abandonne, et sa formule ne vaut rien : elle est essentiellement fautive.

M. Considérant, dans sa brochure *sur la politique nouvelle*, après avoir longuement disserté sur l'état d'annihilement de la *vieille presse* et sur les caractères que doit avoir la *presse nouvelle*, dit : « Il est donc évident
» qu'il y a aujourd'hui place et circonstances favorables pour fonder un
» organe destiné à une influence, à un succès plus grands et beaucoup
» plus durables que n'ont été toute influence et tout succès dans ce
» genre. » Et plus loin : « Mais qu'il n'y a qu'un journal écrit par des
» hommes dévoués à une idée supérieure, et possédant une doctrine qui
» puisse rester en dehors des partis, et conserver dans toute son in-
» tégrité cette noble et sincère indépendance qui est maintenant la pre-
» mière condition d'autorité et de succès. »

Eh bien ! nous osons le dire, nous sommes, nous, *ce journal sincèrement indépendant*; nous sommes ces hommes « dévoués a une idée su-

---

(1) Au *Comité oriental*, on a fait valoir cette considération : que les hommes qui avaient des chances d'arriver au pouvoir ne devaient pas prendre des engagemens qui pourraient les gêner s'ils y parvenaient en effet. — C'est un rédacteur du *Siècle* qui a fait cette observation.

» PÉRIEURE, *possédant une doctrine,*» qui nous permet, non pas seulement de rester en dehors des partis, mais de nous placer au milieu d'eux tous, de leur tendre à tous la main, et de les convier à une réunion, à une confraternité humaine et sociale qui doit contribuer au bonheur de tous; une doctrine applicable à tout : CULTES, GOUVERNEMENS, NATIONS et INDIVIDUS; une doctrine qui est enfin la mise en pratique de la grande pensée du christianisme dans toute sa pureté primitive, dégagé de toutes les formes *exclusives* qu'il a subies depuis, et qui n'ont eu pour résultat que de diviser les hommes en sectes diverses pour la satisfaction d'intérêts politiques, pour assurer la domination de nations sur d'autres, au lieu de les réunir dans une seule pensée d'humanité.

Sous ce rapport, nous sommes heureux, nous l'exprimons avec franchise, de nous trouver sur le même terrain où se sont placés, depuis nous, les hommes de la *Phalange*. Il ne dépendra pas de nous que nous ne nous entendions, dans cette même combinaison, pour travailler ensemble à ramener le public à des idées plus élevées que celles qui lui sont inculquées tous les jours par la presse actuelle. Nous apprécions leur talent, leurs sentimens généreux. Si nous avons l'espoir que la rédaction du *Régénérateur* ne leur sera pas inférieure sous le premier rapport, nous avons la prétention bien établie de ne leur céder en rien sous le second. Nous croyons en avoir personnellement donné les preuves par la persévérance que nous avons mise à suivre, depuis vingt-quatre ans, notre même pensée, et par les sacrifices que nous avons faits récemment à nos convictions, et que nous leur faisons journellement.

Comme ces messieurs, nous prêchons *la concorde*. Notre formule est simple : DROITS ÉGAUX POUR TOUS !..... Et pour mettre nos actions en harmonie avec nos paroles, et joindre l'exemple au précepte, nous offrons l'*association*. Celle-ci est la conséquence de l'autre.

Puisque ces messieurs ont eu pour objet dans leur *Phalange* de soutenir que les hommes pouvaient toujours s'associer pour la satisfaction des droits et des intérêts de tous; puisqu'ils ont pris pour épigraphes de leur feuille ces paroles de saint Mathieu et de saint Jean : « *Vos omnes fratres estis. — Ut omnes unum sint,* » c'est à eux de donner des preuves de la justesse de leurs idées, de la vérité de leurs principes, de la sincérité de leurs convictions, de la pureté de leurs doctrines, de leurs intentions; ils nous trouveront, nous, toujours dans une sévère observation de tout ce qu'ils recommandent, et toujours prêt à lutter avec eux contre les ennemis de nos idées communes et de l'ordre social et politique.

C'est donc maintenant notre doctrine qu'il s'agit d'exposer.

Deux mots suffiront pour la désigner, nous le répétons ; elle s'applique à tout : aux *cultes*, aux *gouvernemens*, aux *nations*, aux *individus* ; elle peut être de tous les temps, de tous les lieux ; tous les hommes doivent l'adopter, car elle doit leur être utile à tous.

Nous disons donc : on a fait du *libéralisme politique* de 1815 à 1830. Le *libéralisme politique* avait pour but d'amener le gouvernement à donner à la nation des institutions qui offrissent aux intérêts des individus des garanties qu'ils n'avaient pas eues jusqu'alors. En 1830, on a cru y être parvenu quand les libéraux sont arrivés au pouvoir. Voilà pourquoi les anciens journaux, qui sont restés sur ce thème, n'ont plus eu d'action. Ils ne pouvaient en retrouver une réelle que dans le complément de ce système, c'est à dire dans son application aux *intérêts sociaux* ; c'est ce complément qu'ils n'ont pas trouvé, dont nous venons, nous, proclamer la nécessité, parce qu'il est le seul sur lequel on puisse s'appuyer à présent pour forcer le gouvernement à parfaire ce qui a été commencé au lieu de rétrograder. C'est donc du LIBÉRALISME SOCIAL qu'il faut faire aujourd'hui et désormais ; ou plutôt, pour être plus exact, pour rendre plus clairement et plus justement notre pensée, c'est le SOCIALISME LIBÉRAL, et c'est là ce que nous avons entrepris.

Nous entendons, par SOCIALISME LIBÉRAL, un système dans lequel *toutes les combinaisons doivent tendre à satisfaire, autant que possible, dans un ensemble complet*, LES INTÉRÊTS DE L'HUMANITÉ, DES CULTES, DES TRÔNES, DES GOUVERNEMENS, DES NATIONS ET DES INDIVIDUS, ET MÊME CEUX DES NATIONS ENTRE ELLES.

Le journal qui se pose sur ce principe, le journal qui prend pour symbole cette dénomination : SOCIALISME LIBÉRAL, peut donc, comme on le voit, se placer au milieu de tous les partis en France, au milieu de tous les intérêts politiques et religieux en Europe et dans le monde, et par conséquent réunir à lui les sympathies et des uns et des autres.

Nous faisons de notre doctrine deux grandes applications immédiates auxquelles nous nous consacrons absolument.

La PREMIÈRE, à l'*intérieur* : LA GRANDE RÉFORME ÉLECTORALE, comme moyen de perfectionnement de nos institutions politiques et sociales, etc., etc.

La SECONDE à l'*extérieur* : L'ÉMANCIPATION DES CHRÉTIENS D'ORIENT, sous le patronage de la France, avec sa protection et son concours, comme question d'humanité, comme moyen de conservation de l'empire ottoman, de maintien de l'équilibre européen et de propagation de la civilisation dans ces contrées.

Si quelqu'un peut condamner ces pensées, qu'il se présente, nous répondrons.

De pareilles idées sont certainement de celles qui doivent diriger les hommes de la *Phalange*, partant, pour être conséquens avec leurs doctrines, c'était le nom de SOCIALISTE qu'ils auraient dû donner à leur feuille, qui ainsi aurait exprimé une idée permanente, un système complet et non une situation incertaine, une chimère !.... Mais ils ont craint une fausse interprétation, voilà la cause qui a déterminé leur choix.

Nous nous étions, nous, arrêté au titre de RÉGÉNÉRATEUR, parce que nous trouvons, en effet, même à l'origine de notre nation, la pratique de tous les principes dont nous avons besoin pour suivre nos travaux dans le *socialisme libéral* auquel nous nous consacrons ; ces principes ont été de nouveau proclamés en 89, ce sont ceux que nous adoptons.

N'ayant donc, au lieu d'innover, qu'à rassembler des élémens épars, et à leur rendre leur valeur et leur force primitives, notre dénomination nous convient, nous la conservons.

Toutes les bonnes institutions ont existé dans notre nation ; elles tendent à se perdre, il faut les *régénérer* : voilà notre mission !.... Nous la remplirons avec zèle, conviction et dévoûment.

Pour nous résumer, nous disons que nous voulons :

Comme le GOUVERNEMENT, la grandeur et la prospérité de notre pays et le maintien de l'ordre et de la paix publique, mais avec la satisfaction de tous nos sentimens et de tous nos intérêts nationaux ;

Comme les DYNASTIQUES rationnels et intelligens, la conservation de l'ordre de choses établi, mais avec les perfectionnemens qu'il comporte ;

Comme les ROYALISTES NATIONAUX, la *monarchie représentative* rendue à sa pureté primitive et établie sur la satisfaction des droits de tous ;

Comme les RÉPUBLICAINS, avant tout, la *souveraineté nationale*, l'administration du pays par le pays : *respublica* !.... Non *respublica sub nomine populi*, avec un président temporaire ; mais *respublica sub nomine principis*, comme moyen unique d'une stabilité qu'on ne pourra jamais trouver chez nous dans l'élection ;

Comme les SOCIALISTES, la concorde et les améliorations que notre état social et politique réclame, et qui sont indispensables au bonheur des peuples.

Mais nous sommes ennemi, ennemi décidé des prétentions exagérées de chacun, et des sentimens de répulsion et d'exclusion de tous.

Ceci établi, nous sommes certain de trouver dans tous les partis des hommes de cœur, des intelligences pures, nouvelles, bien intentionnées; des hommes qui n'ont point palinodié, et qui, cherchant la *vérité*, la *liberté*, la *justice*, s'empresseront de s'unir à nous dans l'entreprise que nous fondons, et nous espérons être bien accueilli par le public de toutes nuances qui commence à voir que les intérêts sociaux sont tout, et qu'il faut en finir avec tous les partis.

DOCTEUR BARRACHIN.

Rue Neuve-Saint-Augustin, 9.

Imprimerie d'ED. PROUX et Cⁱᵉ, rue Neuve-des-Bons-Enfans, 3.

www.ingramcontent.com/pod-product-compliance
Lightning Source LLC
Chambersburg PA
CBHW060728050426
42451CB00010B/1686